Backen
mit Obst

OTUS Lifestyle

Inhalt

Vorwort

Ob Käsekuchen mit Zitrone, Kirschcupcakes oder Pflaumen-Streusel: Selbst gemacht schmeckt es immer noch einfach am besten! Köstliches Obst zum Backen bekommen Sie das ganze Jahr hindurch. Wer keinen eigenen Garten besitzt, kauft einfach auf dem Bauernmarkt, beim Obsthändler, im Bioladen oder im Supermarkt ein. Es lohnt sich dabei immer, den Saisonkalender für heimisches Obst zu nutzen, denn wenn Sie nach Saison kaufen, erhalten Sie bessere Ware, zahlen weniger und tun obendrein noch etwas für die Umwelt.

In diesem Buch finden Sie viele leckere Rezepte für saisonale Obstkuchen, die alle Jahreszeiten abdecken: Rhabarber-Erdbeer-Pie im Frühling, Himbeer-Eclairs im Sommer, Apfel-Kürbis-Tarte im Herbst und Bratapfelkuchen im Winter. Und wenn Sie nach Low-Carb-Rezepten und Zuckeralternativen suchen, werden Sie hier ebenfalls fündig. Freuen Sie sich beispielsweise auf fruchtige Heidelbeer-Vanille-Muffins, leckere Cupcakes mit Brombeer-Topping oder eine verführerische Schwarzwälder Kirschtorte! Stöbern Sie in verlockenden Rezepten und entdecken Sie neue, originelle Ideen genauso wie geliebte Klassiker mit Erdbeeren, Apfel & Co.!

Viel Spaß beim Ausprobieren und Naschen!

Backen mit Obst

Fruchtig und lecker

Erdbeerrot, Apfelgrün und Pfirsichgelb – mit diesen fröhlichen Farben starten Sie in die Backsaison! Dank der vielen Obstsorten, die es im eigenen Garten oder im Handel gibt, können Sie 365 Tage im Jahr dem süßen Genuss frönen. Die Angebotspalette an saisonal verfügbaren Obstsorten ist dabei breit gefächert. So bieten sich Ihnen zahlreiche Backmöglichkeiten: mal saftig pur, mal mit Baiserhaube oder cremig umhüllt und manchmal auch mit einem Hauch von Exotik. Was man bei der Auswahl der Früchte und beim Backen mit Obst beachten sollte, erfahren Sie im Folgenden.

Zutaten auswählen

Der Geschmack des fruchtigen Gebäcks steht und fällt mit der Auswahl der Zutaten. Und wer dabei einige Tipps beherzigt, bringt das Aroma der verwendeten Früchte noch besser zur Geltung. Allgemein gilt hierbei: Verwenden Sie immer frische Früchte. Das Obst sollte reif und einwandfrei sein. Beschädigte Früchte hingegen verlieren schnell an Aroma und eignen sich nicht zum Backen. Auch die Qualität der weiteren Backzutaten spielt eine große Rolle. Wer beispielsweise natürliche Aromageber bevorzugt, kann Vanillezucker aus der Tüte gegen frische Vanille aus der Schote austauschen.

Die richtige Backform

Nicht immer hat man die Backform, die im Rezept verlangt wird, zu Hause. Dies ist jedoch kein Problem, denn die meisten Backformen lassen sich ohne Schwierigkeiten austauschen. Klassische Kuchenformen sind beispielsweise Gugelhupfformen (22 und 24 Zentimeter Durchmesser), Obstbodenformen (28 und 30 Zentimeter Durchmesser) und Springformen (26 und 28 Zentimeter Durchmesser). Je nach Backofengröße sind Backbleche für Blechkuchen zwischen 38 x 28 Zentimeter und 40 x 30 Zentimeter groß. Wenn Sie kein Kuchenblech zur Hand haben, können Sie stattdessen auch eine Springform zum Backen nutzen. Nehmen Sie hierfür die Hälfte der Zutatenmenge eines Blechkuchenrezepts und eine Springform mit 26 Zentimetern Durchmesser. Auch verschieden große Springformen können Sie gegeneinander austauschen. So passt die Hälfte der Zutaten für Rezepte, die in einer Springform von 26 Zentimetern Durchmesser gebacken werden, in eine Springform von 18 oder 20 Zentimetern Durchmesser. Füllen Sie Backformen nicht mehr als zu zwei Dritteln mit Teig, sonst kann es leicht passieren, dass er beim Backen über den Rand der Form läuft. Denken Sie auch daran, dass sich mit dem Wechsel auf eine andere Form auch meist eine andere Backzeit ergibt. Beobachten Sie daher Ihre Torten und Kuchen besonders gegen Ende der Backzeit genau.

Formen fetten und ausstreuen

Backformen gibt es aus unterschiedlichen Materialien, z. B. aus Weiß- oder Schwarzblech, Emaille oder Silikon. Dies hat auch einen Einfluss darauf, wie gut sich ein Kuchen nach dem Backen aus der Form lösen lässt. Unabhängig davon ist jedoch anzuraten, die Form vor dem Backen gut mit Margarine oder Butter einzustreichen. Öl sollten Sie hierfür nicht verwenden, da es am Rand der Form herunterlaufen würde. Damit sich der Kuchen nach dem Backen besser aus der Form löst, können Sie sie nach dem Einfetten noch mit Semmelbröseln oder gemahlenen Nüssen ausstreuen. Durch Klopfen und Drehen verteilen sich diese gleichmäßig in der Form.
Nach dem Backen belassen Sie den Kuchen noch rund 10 Minuten in der Form und lassen ihn auf einem Kuchenrost ruhen. Anschließend können Sie den Kuchen auf den Kuchenrost stürzen. Legen Sie den Rost dazu mit der Oberseite nach unten auf die Backform, drehen Sie beides zusammen vorsichtig herum, setzen Sie den Rost auf der Arbeitsfläche ab und heben Sie die Form an.

Low-Carb-Backen

Auf Kuchen, Torten & Co. müssen Sie auch bei einer Low-Carb-Ernährung nicht verzichten! Wer auf möglichst wenige Kohlenhydrate in der Nahrung Wert legt, kann traditionelle kohlenhydratlastige Backzutaten wie Weizenmehl und Haushaltszucker mit ein bisschen Kreativität einfach ersetzen. Statt herkömmlichen Haushaltszucker können Sie beispielsweise Stevia, Agavendicksaft oder Kokosblütenzucker verwenden. Als Ersatz für Weizenmehl eignen sich unter anderem Mandel- und Kokosmehl. Enthält das Rezept keine genauen Angaben zu anderen Mehlen, gilt: einfach ausprobieren. Experimentieren Sie mit der Mehlmenge, bis Sie die gewünschte Teigkonsistenz erhalten. Einige Mehl- und Zuckerersatzmöglichkeiten lernen Sie im Folgenden kennen.

Xylit (Birkenzucker)
Früher wurde Xylit aus Birkenrinde gewonnen, heute wird der Süßstoff aus Mais extrahiert. Xylit hat dieselbe Süßkraft wie Haushaltszucker, aber einen um etwa 40 Prozent niedrigeren Brennwert. Er ist für Diabetiker geeignet, da er insulinunabhängig verstoffwechselt wird. Xylit kann Haushaltszucker im Verhältnis 1:1 ersetzen.

Erythrit
Dieses Süßungsmittel wird biochemisch mithilfe von Pilzen gewonnen und weist deutlich weniger Kalorien auf als Rohrzucker. Mit Erythrit können Sie beim Backen Haushaltszucker im Verhältnis 1:1 ersetzen.

Stevia
Stevia ist eine Pflanze aus Südamerika, deren getrocknete Blätter als Zuckerersatz verwendet werden. Das Süßungsmittel hat eine höhere Süßkraft als Zucker. Daher brauchen Sie zum Backen nur wenig davon. Stevia ist in verschiedenen Verwendungsformen erhältlich, zum Backen eignet sich vor allem Steviosidextrakt in Pulverform. Eine gehäufte Messerspitze Steviosidextrakt entspricht dabei ca. 100 Gramm Zucker. Stevia-

pulver ist bis zu 200 °C hitzebeständig und verliert somit beim Backen nichts von seiner Süßkraft.

Reissirup
Für die Herstellung von Reissirup wird Reismehl mit Wasser zu Sirup eingekocht. Wenn Sie beim Backen Zucker durch Reissirup ersetzen wollen, sollten Sie darauf achten, die zugesetzte Flüssigkeit (z. B. Milch) zu verringern. Der Zucker wird hierbei im Verhältnis 1:1 ersetzt.

Kokosblütenzucker
Kokosblütenzucker wird aus dem Saft der Kokosblüte gewonnen. Er hat nur etwas weniger Kalorien als Haushaltszucker, treibt jedoch den Blutzuckerspiegel kaum in die Höhe. Das alternative Süßungsmittel kann Zucker im Verhältnis 1:1 ersetzen.

Mandelmehl
Entöltes Mandelmehl, das aus geschälten Mandeln gewonnen wird, ist ein guter Ersatz für Weizenmehl. Pro 100 Gramm Weizenmehl nimmt man zwischen 50 und 70 Gramm Mandelmehl. Gegebenenfalls muss die Flüssigkeit im Rezept erhöht werden.

Kokosmehl
Für glutenfreies und schlankes Backen eignet sich auch Kokosmehl. Zur Herstellung wird Kokosfleisch getrocknet, entölt und zu Mehl vermahlen. Pro 100 Gramm Weizenmehl nimmt man beim Backen 40 Gramm Kokosmehl. Die Flüssigkeit im Rezept muss entsprechend erhöht werden. Hiervon verwendet man ungefähr viermal mehr als bei der gleichen Menge Weizenmehl. Aufgrund des niedrigen Eiweißgehalts wird außerdem zum Backen mit Kokosmehl Eiweiß als Klebemittel benötigt (ein Ei pro 40 Gramm Kokosmehl).

Johannisbrotkernmehl
Da Nussmehl kein Gluten enthält, das unter anderem für die Bindung verantwortlich ist, kann Johannisbrotkernmehl in Rezepten mit Nussmehl als natürliches Bindemittel dienen. Johannisbrotkernmehl wird aus den Schoten des Johannisbrotbaums gewonnen. Pro 100 Gramm glutenfreiem Mehl fügt man 3 Gramm (1 Teelöffel) Johannisbrotkernmehl hinzu.

Fruchtiges Kleingebäck –

Cupcakes, Tarteletten & Co.

Mini-Gugelhupfe
„Apfel-Zimt"

Zutaten

2 Eier
100 g zimmerwarme Butter und etwas Butter für die Förmchen
100 g Puderzucker und etwas Puderzucker zum Bestäuben
100 ml Milch
1 Prise Salz
200 g Mehl
250 g Äpfel
abgeriebene Schale von 1 unbehandelten Zitrone
1 TL Zimt

Vorbereitungszeit: ca. 30 Min.
Backzeit: ca. 20 Min.
Für 36 Stücke

Zubereitung

1. Eier, Butter und Puderzucker schaumig schlagen. Milch und Salz zufügen und Mehl in kleinen Portionen beimengen.

2. Backofen auf 200 °C (Umluft: 180 °C) vorheizen. Äpfel schälen, Kerngehäuse entfernen und Äpfel raspeln. Äpfel, Zitronenabrieb und Zimt zum Teig geben und gut verrühren.

3. Mini-Gugelhupf-Förmchen mit Butter ausstreichen. Teig in die Förmchen füllen und im unteren Drittel des vorgeheizten Backofens ca. 15–20 Minuten backen. Mini-Gugelhupfe etwas abkühlen lassen und aus den Förmchen lösen. Auf einem Kuchengitter vollständig auskühlen lassen und mit Puderzucker bestäuben.

Tipp

Die Mini-Gugelhupfe sind ein tolles Mitbringsel, z. B. zur Weihnachtszeit. Aber auch als süßes Frühstück eignen sie sich gut. Wer möchte, kann die kleinen Kuchen mit einer Schokoladenglasur überziehen, statt sie mit Puderzucker zu bestäuben.

Zutatenliste

Himbeer-Eclairs,

fruchtige „Liebesknochen“

Zutaten

125 ml Milch, 1 Prise Salz
100 g Butter
200 g Mehl, 4 Eier
125 g Puderzucker und etwas Puderzucker zum Bestäuben
Saft und abgeriebene Schale von 1 unbehandelten Zitrone
3 Blätter Gelatine
400 g Joghurt (3,5 % Fett)
75 g Zucker
1 Päckchen Vanillezucker
150 g Himbeeren
200 g Sahne
einige Minzeblättchen für die Garnitur

Vorbereitungszeit: ca. 1 Std. und 15 Min.
Backzeit: ca. 25 Min.
Ruhezeit: ca. 35 Min.
Für 14 Stück

Zutatenliste

Zubereitung

1. Ofen auf 200 °C (Umluft: 180 °C) vorheizen. Milch, 125 Milliliter Wasser, Salz und Butter aufkochen. Mehl zufügen und rühren, bis sich der Teig als feste Masse vom Topfboden löst. Teig mit 1 Ei mit dem Knethaken des Handrührgeräts untermischen. Ca. 10 Minuten ruhen lassen. Restliche Eier einzeln unterrühren.

2. Teig in einen Spitzbeutel füllen (Sterntülle, 15 Millimeter Durchmesser) und auf ein mit Backpapier ausgelegtes Backblech 14 Streifen à 10 Zentimeter Länge spritzen. Eine ofenfeste Form mit Wasser füllen und auf den Boden des Ofens stellen. Eclairs im vorgeheizten Ofen ca. 25 Minuten backen.

3. Puderzucker und 2 Esslöffel Zitronensaft glatt rühren. Eclairs längs aufschneiden und Deckel mit Zitronenmischung bestreichen. Gelatine ca. 5 Minuten in kaltem Wasser einweichen. Zitronenschale, restlichen Zitronensaft, Joghurt, Zucker und Vanillezucker verrühren. Gelatine ausdrücken und tropfnass bei schwacher Hitze auflösen. 2 Esslöffel Joghurt-Zitronen-Mischung einrühren. Kurz ruhen lassen und mit der restlichen Mischung verrühren. Ca. 25 Minuten kalt stellen, bis die Mischung eine cremige Konsistenz hat.

4. Himbeeren waschen und abtropfen lassen. Sahne steif schlagen und unter die Joghurt-Mischung heben. Eclairs mit Joghurt-Mischung und Himbeeren füllen. Mit Puderzucker bestäuben. Mit gewaschenen Minzeblättchen dekoriert servieren.

Kirschcupcakes,
festlich dekoriert

Zutaten

125 g zimmerwarme Margarine (z. B. Sanella)
125 g Zucker
1 Päckchen Vanillezucker
2 Eier, 150 g Mehl
1 TL Backpulver
20 g Blaumohn (gemahlen)
100 ml Milch
100 g Kirschen aus dem Glas
100 g Frischkäse Doppelrahmstufe
20 g Puderzucker
1 Packung Instant-Götterspeise Kirschgeschmack (ca. 100 g)
125 g Cremefine (von Rama)

Vorbereitungszeit: ca. 45 Min.
Backzeit: ca. 25 Min.
Für 18 Stück (6 normal große, 12 Mini-Cupcakes)

Zutatenliste

Zubereitung

1. Backofen auf 200 °C (Umluft: 180 °C) vorheizen. Mulden der Muffinbleche mit Papierförmchen auslegen. Margarine, Zucker und Vanillezucker mit den Quirlen des Handruhrgeräts zu einer glatten Masse verrühren. Eier einzeln sorgfältig untermischen.

2. Mehl, Backpulver und Mohn gründlich vermischen und zusammen mit der Milch kurz, aber sorgfältig unter den Teig rühren. Kirschen gut abtropfen lassen und untermischen. Teig in den Muffinformen verteilen. Im vorgeheizten Ofen ca. 25 Minuten backen, die kleineren nach ca. 15 Minuten überprüfen. Stäbchenprobe machen: Am Holzstäbchen darf kein flüssiger Teig haften. Abkühlen lassen.

3. Frischkäse, Puderzucker und Götterspeisepulver mit dem Schneebesen glatt rühren. Cremefine mit dem Handrührgerät steif schlagen. Mit dem Schneebesen portionsweise unter den Frischkäse heben. Frosting mit der Spritztüte (Sterntülle, 15 Millimeter Durchmesser) oder mit einem Löffel auf die abgekühlten Kirschmuffins setzen. Auf einer Etagere oder einem Teller die Mini-Cupcakes mit den größeren Kirschcupcakes anrichten.

Tipp

Wollen Sie Kaffeegäste oder ein Geburtstagskind überraschen, auf den Cupcakes Kerzen platzieren und anzünden.

Mini-Käsekuchen

mit Johannisbeertopping

Zutaten

115 g Butter
55 g dunkle Schokolade
4 Eier
300 g Zucker
2 TL Vanillezucker
115 g Mehl
25 g Kakao
1 Prise Salz
450 g Frischkäse
1 TL Speisestärke
etwas abgeriebene Schale von 1 unbehandelten Orange
1 Zweig Estragon
1 kg rote Johannisbeeren
500 g Gelierzucker 2:1

Vorbereitungszeit: ca. 1 Std.
Backzeit: ca. 35 Min.
Ruhezeit: ca. 5 Std.
Für 16 Stück

Zutatenliste

Zubereitung

1. Ofen auf 175 °C (Umluft: 155 °C) vorheizen. Mulden der Muffinbleche mit Papierförmchen auslegen. Butter und Schokolade bei geringer Hitze schmelzen. Abkühlen lassen. 2 Eier mit 175 Gramm Zucker und 1 Teelöffel Vanillezucker verschlagen. Mehl, Kakao und Salz vermischen. Schokoladenbutter vorsichtig zur Eier-Zucker-Mischung geben und verrühren. Mehl zufügen und alles zu einem glatten Teig verarbeiten.

2. Teig knapp bis zur Hälfte in die Muffinförmchen geben. Im vorgeheizten Ofen ca. 12 Minuten backen. Frischkäse, übrigen Zucker, übrige Eier, übrigen Vanillezucker, Stärke und Orangenabrieb glatt rühren. Frischkäsemasse bis kurz unter den Rand in die Förmchen geben und weitere ca. 20 Minuten backen. In der Form auskühlen lassen, herausnehmen und einige Stunden kalt stellen.

3. Estragon waschen und trocken schütteln. Johannisbeeren waschen, verlesen und abtropfen lassen. Gelierzucker und Estragon zufügen und vermischen. Ca. 30 Minuten ziehen lassen. In einem Topf unter Rühren ca. 6–8 Minuten kochen. Von der Herdplatte nehmen und Estragonzweig entfernen. Johannisbeermarmelade in sterilisierte Gläser füllen und fest verschließen. Gläser umgedreht abkühlen lassen.

4. Käsekuchen anrichten, mit Johannisbeermarmelade toppen und servieren. Restliche Marmelade kühl aufbewahren und als Brotaufstrich verwenden.

Mini-Windbeutel,
gefüllt mit Erdbeercreme

Zutaten

40 g weiche Butter (z. B. Du darfst Leichte Butter)
1 Prise Salz
170 g Mehl
4 Eier
200 g Erdbeeren
100 g Erdbeerfruchtaufstrich (40 % Fruchtanteil)
150 g Sahne
etwas Puderzucker zum Bestäuben

Vorbereitungszeit: ca. 25 Min.
Backzeit: ca. 20 Min.
Für 16 Stück

Zubereitung

1. Backofen auf 180 °C (Umluft: 160 °C) vorheizen. 250 Milliliter Wasser zusammen mit Butter und Salz zum Kochen bringen. Mehl mit einem Kochlöffel zügig unterrühren, bis sich der Teig als Kloß vom Topfboden löst. Etwas abkühlen lassen und Eier nacheinander mit den Knethaken des Handrührgeräts untermischen.

2. Teig in einen Spritzbeutel mit großer Sterntülle füllen und in ausreichendem Abstand 16 Rosetten auf ein mit Backpapier belegtes Backblech spritzen. Im vorgeheizten Backofen ca. 15–20 Minuten backen und auskühlen lassen.

3. Erdbeeren waschen, verlesen und mit Fruchtaufstrich fein pürieren. Sahne unterrühren und Masse in einen Spritzbeutel mit Sterntülle füllen.

4. Windbeutel halbieren, Erdbeercreme auf den unteren Hälften verteilen, Deckel aufsetzen und mit Puderzucker bestäubt servieren.

Zutatenliste

Apfeltarteletten,
verfeinert mit Kardamom

Zutaten

175 g Mehl
1 Msp. Backpulver
1 Prise Salz
100 g brauner Zucker
1 gehäufter TL Kardamom
200 g Margarine (z. B. von Sanella) und etwas Margarine für die Formen
1 Ei
750 g Äpfel
75 g Mandeln (gestiftelt)
einige Minzeblättchen für die Garnitur

Vorbereitungszeit: ca. 30 Min.
Backzeit: ca. 30 Min.
Ruhezeit: ca. 30 Min.
Für 12 Portionen

Zubereitung

1. Mehl, Backpulver, Salz, 50 Gramm braunen Zucker und 1 Messerspitze Kardamom mischen. Margarine und Ei zugeben und alles rasch zu einem Teig verkneten. Teig zugedeckt ca. 30 Minuten kalt stellen.

2. Äpfel waschen, entkernen und in dünne Scheiben schneiden. 75 Milliliter Wasser, 2 Esslöffel braunen Zucker und 1 Teelöffel Kardamom in einen Topf geben und aufkochen lassen. Äpfel zugeben und ca. 3 Minuten dünsten. Backofen auf 200 °C (Umluft: 180 °C) vorheizen.

3. 6 kleine Tarteletteformen mit Margarine ausstreichen und mit Teig auslegen. Mandeln daraufstreuen. Äpfel aus dem Sud nehmen, auf den Teig legen und mit jeweils 1 Teelöffel braunem Zucker bestreuen. Im vorgeheizten Ofen ca. 30 Minuten backen. Nach Belieben mit etwas Sud beträufeln, mit gewaschenen Minzeblättchen garnieren und noch warm genießen.

Tipp

Als Dessert rechnen Sie eine halbe Tartelette pro Portion. Zu den warmen Apfeltarteletten mit Kardamom schmeckt Vanilleeis oder Walnusseis.

Zutatenliste

Französische Macarons
mit Cassis-Ganache

Zutaten

75 g Eiweiß
100 g Mandelmehl
100 g Puderzucker
schwarzer Johannisbeersaft oder dunkle Lebensmittelfarbe
150 g Zucker
150 g schwarze Johannisbeeren
200 g weiße Schokolade

Vorbereitungszeit: ca. 1 Std. und 30 Min.
Backzeit: ca. 15 Min.
Ruhezeit: ca. 7 Std. und 30 Min.
Für 30 Stück

Zubereitung

1. Ofen auf 160 °C (Umluft: 140 °C) vorheizen. 37 Gramm Eiweiß steif schlagen. Mandelmehl zum Puderzucker sieben und vermischen. Mit Eiweiß vermengen. Johannisbeersaft oder Lebensmittelfarbe einrühren. Restliches Eiweiß steif schlagen. 100 Gramm Zucker mit 30 Millilitern Wasser zum Kochen bringen und zum Eischnee gießen. Verrühren, bis die Masse lauwarm ist und beginnt, Spitzen zu ziehen.

2. Mandelmehlmasse mit einem Drittel des gefärbten Eischnees vermischen. Restlichen Eischnee unterheben und Masse in einen Spritzbeutel mit großer Lochtülle füllen. Auf ein mit Backpapier belegtes Blech kleine Kreise spritzen. Ca. 30 Minuten ruhen lassen. Macarons im vorgeheizten Ofen ca. 12–14 Minuten backen und abkühlen lassen. Johannisbeeren waschen, verlesen und abtropfen lassen. Restlichen Zucker in 40 Millilitern Wasser verrühren und aufkochen. Beeren zugeben und bei geringer Hitze unter gelegentlichem Rühren köcheln lassen. Mit dem Stabmixer fein pürieren und durch ein Sieb passieren.

3. Schokolade grob hacken und im Wasserbad oder in der Mikrowelle schmelzen. Beerenpüree zugeben und verrühren. Mit Frischhaltefolie abdecken und im Kühlschrank ca. 5–6 Stunden kalt stellen. In Spritzbeutel füllen. Jeweils einen kleinen Klecks auf eine Macaronhälfte geben und eine andere daraufsetzen. Macarons mindestens 1 Stunde im Kühlschrank ziehen lassen.

Zutatenliste

Saftige Kuchen,
Tartes und Pies

Rhabarber-Erdbeer-Pie,
ein herb-süßer Genuss

Zutaten

125 g Zucker
300 g Mehl
180 g kalte Butter
350 g Erdbeeren
650 g Rhabarber
75 g brauner Zucker
25 g Speisestärke
1 Päckchen Vanillezucker
1 Prise Salz
1 Prise Zimt
etwas Milch zum Bestreichen

Vorbereitungszeit: ca. 50 Min.
Backzeit: ca. 1 Std. und 5 Min.
Ruhezeit: ca. 1 Std.
Für 12 Stücke

Zubereitung

1. 50 Gramm Zucker, Mehl und Butter in eine Schüssel geben und mit einer Gabel zu einer feinkrümeligen Masse zerdrücken. Ca. 3–5 Esslöffel Eiswasser löffelweise zugeben, bis ein fester Teig entsteht. Teig mit den Händen kurz durchkneten und ca. 1 Stunde kalt stellen.

2. Backofen auf 200 °C (Umluft: 180 °C) vorheizen. Zwei Drittel des Teigs zwischen zwei Lagen Backpapier ausrollen. Eine Pie-Form mit dem Teig auslegen und einen hohen Rand formen.

3. Erdbeeren waschen, Stielansätze entfernen und Erdbeeren vierteln. Rhabarber putzen und in dünne Scheiben schneiden. Früchte mit restlichem Zucker, braunem Zucker, Stärke, Vanillezucker, Salz und Zimt vermischen und auf dem Teig verteilen.

4. Restlichen Teig ausrollen, in schmale Streifen schneiden und diese über Kreuz auf dem Pie anordnen. Pie mit etwas Milch bepinseln und im vorgeheizten Backofen ca. 20 Minuten backen. Temperatur auf 180 °C (Umluft: 160 °C) verringern und Pie weitere ca. 45 Minuten backen, bis die Füllung anfängt zu brodeln und eindickt. Pie abkühlen lassen, in Stücke schneiden und servieren.

Zutatenliste

Walnuss-Birnen-Tarte,

nussiger Kuchen vom Land

Zutaten

100 g Mehl
50 g feine Speisestärke (z. B. von Mondamin)
1 Eigelb
50 g Zucker
75 g weiche Butter oder Margarine
1 kg reife Birnen (z. B. Williams Christ)
Zitronensaft
50 g Walnusskerne (gehackt)
1 EL Birnenkraut
1 EL Birnengeist

Vorbereitungszeit: ca. 45 Min.
Backzeit: ca. 55 Min.
Ruhezeit: ca. 30 Min.
Für 4 Portionen

Zubereitung

1. Mehl und Speisestärke in eine Schüssel geben. Eigelb, Zucker und Butter oder Margarine zufügen. Alles mit dem Handrührgerät auf niedrigster Stufe verkneten und Teig ca. 30 Minuten kalt stellen.

2. Birnen schälen, halbieren, Kerngehäuse entfernen und Birnen fächerförmig einschneiden. Mit Zitronensaft beträufeln.

3. Teig ausrollen und eine Tarte- oder Springform (26 Zentimeter Durchmesser) damit auslegen, dabei einen kleinen Rand hochziehen. Boden mehrmals mit einer Gabel einstechen. Backofen auf 200–225 °C (Umluft: 180–205 °C) vorheizen.

4. Birnen mit der Schnittfläche nach unten auf den Teigboden legen. Walnusskerne dazwischen verteilen und im vorgeheizten Backofen ca. 45–55 Minuten backen.

5. Birnenkraut und Birnengeist verrühren und noch warmen Kuchen damit bestreichen. Dazu passt geschlagene Sahne.

Zutatenliste

Erdbeer-Gugelhupf,
sommerliche Köstlichkeit

Zutaten

1 kg Erdbeeren
6 Eier
160 g Zucker
2 Päckchen Vanillezucker
1 Prise Salz
145 g Mehl und etwas Mehl für die Form
75 g Speisestärke
3 TL Backpulver
75 g Mandeln (gemahlen)
250 g Cremefine Vanilla (von Rama)
Puderzucker zum Bestäuben
Fett für die Form

Vorbereitungszeit: ca. 1 Std.
Backzeit: ca. 50 Min.
Für 16 Stücke

Zubereitung

1. Erdbeeren waschen. 2–3 schöne Erdbeeren mit Grün beiseitelegen. Übrige Erdbeeren putzen, eine Hälfte in grobe Würfel schneiden, die andere Hälfte pürieren.

2. Backofen auf 175 °C (Umluft: 155 °C) vorheizen. Eier trennen. Eiweiße und 6 Esslöffel kaltes Wasser mit den Schneebesen des Handrührgeräts steif schlagen. 150 Gramm Zucker, Vanillezucker und Salz einrieseln lassen. Eigelbe nacheinander unterrühren. 125 Gramm Mehl, Speisestärke und Backpulver mischen, auf die Eimasse sieben und zusammen mit den Mandeln vorsichtig unterrühren. Erdbeerwürfel kurz in 2 Esslöffeln Mehl wenden und unterheben.

3. Gugelhupfform (ca. 2,3 Liter Inhalt) mit Fett ausstreichen und mit Mehl ausstäuben. Teig einfüllen und glatt streichen. Gugelhupf im vorgeheizten Ofen ca. 50 Minuten backen. Gugelhupf herausnehmen und auf einem Kuchengitter ca. 10 Minuten in der Form ruhen lassen. Gugelhupf stürzen und auskühlen lassen.

4. Cremefine Vanilla mit 2 Esslöffeln Zucker steif schlagen. Unter die pürierten Erdbeeren heben. Gugelhupf mit Puderzucker bestäuben und auf einer Platte anrichten. Übrige Erdbeeren in Spalten schneiden, Kuchen damit verzieren. Gugelhupf mit Erdbeeren und Erdbeer-Vanilla-Cremefine servieren.

Zutatenliste

Traubenkuchen,
herbstlich und traditionell

Zutaten

150 g Weizenvollkornmehl
100 g Buchweizenmehl
175 g Rohrzucker
25 g Sesam
100 g Margarine (z. B. von Rama) und etwas Fett für die Form
5 Eier
500 g kernlose Weintrauben
200 g Cremefine wie Crème fraîche zu verwenden (von Rama)
100 g Magermilchjoghurt

Vorbereitungszeit: ca. 30 Min.
Backzeit: ca. 1 Std.
Ruhezeit: ca. 30 Min.
Für 12 Stücke

Zubereitung

1. Weizenvollkornmehl, Buchweizenmehl, 75 Gramm Zucker, Sesam, Margarine und 2 Eier mit den Knethaken des Handrührgeräts verkneten. Bei Bedarf 2 Esslöffel Wasser zugeben. Teig ca. 30 Minuten kühl stellen.

2. Backofen auf 175 °C (Umluft: 155 °C) vorheizen. Weintrauben waschen und trocken tupfen. Cremefine, Jogurt, restlichen Zucker und restliche Eier miteinander verrühren.

3. Teig ausrollen und in eine gefettete Springform (24 Zentimeter Durchmesser) legen, dabei einen Rand von ca. 2 Zentimeter stehen lassen. Cremefinemasse einfüllen und Weintrauben darauf verteilen. Traubenkuchen im vorgeheizten Ofen ca. 1 Stunde backen.

Tipp

Greifen Sie möglichst zu heimischen Trauben, denn diese haben ein besonders kräftiges Aroma. Wer für farbliche Abwechslung sorgen will, mischt bei diesem Kuchen weiße und rote Trauben. Je nach Geschmack können Sie den Kuchen vor dem Servieren noch mit etwas Puderzucker bestäuben.

Zutatenliste

Aprikosenkuchen,
bestreut mit Mandelblättchen

Zutaten

500 g Aprikosen
200 g Mehl und etwas Mehl für die Arbeitsfläche
2 gestrichene TL Backpulver
185 g Zucker
1 Päckchen Vanillezucker
1 Prise Salz
100 g Butter und etwas Fett für die Form
2 Eier
125 g Sahne
100 g Mandeln (gemahlen) sowie 50 g Mandelblättchen

Vorbereitungszeit: ca. 50 Min.
Backzeit: ca. 45 Min.
Für 12 Stücke

Zubereitung

1. Aprikosen mit kochendem Wasser überbrühen, kalt abspülen und Haut abziehen. Früchte halbieren, entsteinen und in Spalten schneiden.

2. Mehl, Backpulver, 75 Gramm Zucker, Vanillezucker und Salz in einer Schüssel gut vermischen. Butter und 1 Ei zufügen und mit dem Handrührgerät zu einem glatten Teig verkneten.

3. Backofen auf 200 °C (Umluft: 180 °C) vorheizen. Teig auf einer bemehlten Arbeitsfläche ausrollen und in eine gefettete Springform (26 Zentimeter Durchmesser) legen, Rand etwas hochziehen und Boden mehrmals mit einer Gabel einstechen.

4. Sahne steif schlagen, 100 Gramm Zucker, Mandeln und restliches Ei unterheben. Füllung auf dem Boden verteilen. Aprikosenspalten darauf verteilen und mit Mandelblättchen und 1 Esslöffel Zucker bestreuen.

5. Im vorgeheizten Ofen ca. 45 Minuten backen. Aprikosenkuchen in der Form auf einem Kuchengitter auskühlen lassen, in Stücke schneiden und servieren.

Zutatenliste

Pfirsichkuchen

mit Marzipan und Physalis

Zutaten

2 große Pfirsiche
100 g Marzipanrohmasse
80 g Margarine (z. B. von Rama) und etwas Fett für die Form
90 g Zucker
1 Päckchen Vanillezucker
1 Prise Salz
2 Eier
100 g Mehl
2 TL Backpulver
30 g kernige Haferflocken
150 g Physalis
250 g Cremefine zum Schlagen (von Rama)
Minzeblättchen für die Garnitur

Vorbereitungszeit: ca. 20 Min.
Backzeit: ca. 45 Min.
Für 8 Stücke

Zubereitung

1. Pfirsiche waschen, entkernen und in Spalten schneiden. Marzipan fein würfeln.

2. Backofen auf 175 °C (Umluft: 155 °C) vorheizen. Margarine, Marzipan, 60 Gramm Zucker, Vanillezucker und Salz in einer Rührschüssel mit den Quirlen des Handrührgeräts schaumig rühren. Eier einzeln zugeben und unterrühren. Mehl und Backpulver mischen, sieben und zum Teig geben. Weiterrühren, bis ein glatter Teig entsteht. Haferflocken unterheben.

3. Backform mit Fett ausstreichen und mit Teig füllen. Im vorgeheizten Backofen ca. 15 Minuten vorbacken. Kuchen dachziegelartig mit Pfirsichen belegen und weitere ca. 30 Minuten backen.

4. Physalis waschen. Zwei Drittel der Physalis mit restlichem Zucker pürieren. Cremefine aufschlagen und unter die Früchte heben. Masse auf dem abgekühlten Kuchen verteilen und mit restlichen Physalis sowie gewaschenen Minzeblättchen garnieren.

Zutatenliste

Apfel-Kürbis-Tarte,
verführerischer Herbstgruß

Zutaten

250 g Mehl und etwas Mehl für die Arbeitsfläche
125 g Margarine (z. B. von Rama) und etwas Margarine für die Form
150 g Zucker, 4 Eier
1 Prise Salz
400 g Kürbis (z. B. Muskatkürbis), 3 Äpfel
1 EL abgeriebene Schale von 1 unbehandelten Zitrone
250 g Cremefine zum Kochen 15 % Fett (von Rama)
1 Päckchen Vanillezucker
200 g Cremefine wie Sauerrahm zu verwenden 5 % Fett (von Rama)

Vorbereitungszeit: ca. 35 Min.
Backzeit: ca. 50 Min.
Für 16 Stücke

Zutatenliste

Zubereitung

1. Mehl, Margarine, 75 Gramm Zucker, 1 Ei und Salz mit den Knethaken des Handrührgeräts und mit den Händen zu einem glatten Teig verkneten. Tarte- oder Springform mit Backpapier auslegen oder mit Margarine ausstreichen, den Rand ebenfalls ausstreichen. Teig auf einer leicht bemehlten Arbeitsfläche ausrollen. Form mit dem Teig auslegen, dabei einen ca. 2 Zentimeter hohen Rand formen. Teig in der Form bis zur weiteren Verwendung kalt stellen.

2. Backofen auf 200 °C (Umluft: 180 °C) vorheizen. Kürbis in Spalten schneiden, Fasern und Kerne entfernen. Kürbisspalten schälen und in Scheiben schneiden. Äpfel vierteln, entkernen, schälen und in dünne Spalten schneiden.

3. Teigboden mehrmals mit einer Gabel einstechen. Mit Apfel- und Kürbisspalten belegen. Apfel-Kürbis-Kuchen im Backofen ca. 15 Minuten backen.

4. Restliche Eier mit restlichem Zucker und Zitronenschale schaumig schlagen. Cremefine zum Kochen unterschlagen. Cremefine-Ei-Mischung auf den Kuchen gießen und Kuchen weitere ca. 30–35 Minuten backen. Abkühlen lassen. Vanillezucker in Cremefine wie Sauerrahm zu verwenden einrühren und zum Kuchen servieren.

Bratapfelkuchen
für winterliche Stimmung

Zutaten

4 kleine Äpfel
2 EL Himbeerfruchtaufstrich (40 % Fruchtanteil)
125 g leichte Butter (z. B. von Du darfst) und etwas Butter für die Form
125 g Zucker
1 Prise Salz
2 Eier
250 g Mehl
1/2 TL Backpulver
nach Belieben Zimt
20 g Mandeln (gestiftelt)

Vorbereitungszeit: ca. 20 Min.
Backzeit: ca. 1 Std. und 15 Min.
Für 8 Stücke

Zubereitung

1. Äpfel im Ganzen schälen, Kerngehäuse herausstechen und je 1 Teelöffel Fruchtaufstrich hineinfüllen.

2. Weiche Butter, Zucker und Salz schaumig schlagen. Eier nach und nach unterrühren. Mehl mit Backpulver und Zimt vermischen und unter die Buttermasse rühren. Backofen auf 180 °C (Umluft: 160 °C) vorheizen.

3. Eine Springform (20 Zentimeter Durchmesser) mit Butter einfetten. Kuchenteig in die Backform füllen und Äpfel in den Teig drücken.

4. Kuchen im vorgeheizten Backofen ca. 1 Stunde und 15 Minuten backen. In den letzten ca. 10 Minuten mit Mandelstiften bestreuen und fertig backen.

Tipp

Wer möchte, serviert den Bratapfelkuchen mit etwas Schlagsahne, die nach Belieben mit etwas Zimt gemischt werden kann. Zusätzlich können Sie die Äpfel mit „Apfelstielen und -blättern“ aus halbierten Zimtstangen und gewaschenen Melisse- oder Minzeblättchen verzieren.

Zutatenliste

Obsttorten –
sahnige und cremige Genüsse

Süße Charlotte

aus Biskuits und Himbeeren

Zutaten

300 g Himbeeren
2 Eier
275 g Zucker
75 g Mehl
25 g Speisestärke
1 gestrichener TL Backpulver
1 Beutel Götterspeise mit Himbeergeschmack
500 g Magerquark
400 g Sahne
20 Löffelbiskuits
einige Minzeblättchen

Vorbereitungszeit: ca. 1 Std.
Backzeit: ca. 20 Min.
Ruhezeit: ca. 4 Std.
Für 12 Stücke

Zubereitung

1. Ofen auf 175 °C (Umluft: 155 °C) vorheizen. Himbeeren waschen, verlesen und trocken tupfen. Eier mit 2 Esslöffeln heißem Wasser schaumig schlagen, dabei 75 Gramm Zucker einrieseln lassen. Rühren, bis sich der Zucker vollständig aufgelöst hat. Mehl, Stärke und Backpulver mischen, zusieben und unterheben.

2. Springform (26 Zentimeter Durchmesser) mit Backpapier auslegen, Teig einfüllen und glatt streichen. Im vorgeheizten Ofen ca. 20 Minuten backen. Boden in der Form etwas abkühlen lassen, herausnehmen und auf einem Kuchenrost auskühlen lassen. Götterspeisepulver in 100 Millilitern heißem Wasser auflösen und abkühlen lassen. Quark mit restlichem Zucker vermischen. Hälfte der Quarkmischung beiseitestellen. Andere Hälfte mit dem Schneebesen in die lauwarme Götterspeise einrühren und 200 Gramm Himbeeren unterheben.

3. Boden auf eine Tortenplatte setzen und mit einem Tortenring umschließen. Biskuits halbieren. Sahne steif schlagen und jeweils zur Hälfte unter die Quarkmassen heben. Tortenboden ca. 1 Zentimeter hoch mit Quark-Himbeer-Mischung bedecken. Biskuits aufrecht entlang des Tortenrings nebeneinanderstellen und restliche Quark-Himbeer-Masse einfüllen. Weiße Quarkmasse bis kurz unter den Rand darübergeben. Charlotte mindestens 4 Stunden kalt stellen. Tortenring entfernen. Charlotte mit restlichen Himbeeren und gewaschenen Minzeblättchen dekorieren.

Zutatenliste

Frühlingstorte
mit Kiwi, Physalis und Ananas

Zutaten

100 g weiche Margarine und etwas Fett für die Form
125 g Zucker
1/2 TL Zitronenschalenaroma
2 Eier
50 g Mehl
50 g Speisestärke (z. B. von Mondamin)
1 gestrichener TL Backpulver
50 g Mandeln (gemahlen)
250 g Mascarpone
250 g Magerquark
200 g Sahne
1 Kiwi
10 Physalis
2 Ananasringe (Dose)

Vorbereitungszeit: ca. 20 Min.
Backzeit: ca. 20 Min.
Für 12 Stücke

Zutatenliste

Zubereitung

1. Backofen auf 200–225 °C (Umluft: 180–205 °C) vorheizen. Margarine in eine Schüssel geben. 75 Gramm Zucker, Zitronenschalenaroma, Eier, Mehl, Speisestärke, Backpulver und Mandeln daraufgeben und alles gut mit dem Handrührgerät auf der höchsten Stufe ca. 2 Minuten verrühren.

2. Teig in eine gefettete Springform (26 Zentimeter Durchmesser) füllen und im vorgeheizten Ofen ca. 15–20 Minuten backen. Tortenboden aus der Form lösen und erkalten lassen.

3. Mascarpone mit Quark und restlichem Zucker verrühren. Sahne steif schlagen und unterheben. Torte mit der Creme kuppelartig bestreichen und mit dem Löffelrücken wolkig anhäufen.

4. Kiwi schälen und in kleine Stücke schneiden. Physalis waschen und halbieren, Ananas abtropfen lassen und in Stücke schneiden. Torte mit Früchten verziert servieren.

Köstliche Cremetorte
mit Johannisbeeren

Zutaten

750 g rote Johannisbeeren
245 g Zucker
6 Eier
100 g Buchweizenmehl
1 EL Speisestärke
1 Msp. Backpulver
1 Päckchen Cremetortenhilfe Vanillegeschmack
300 ml Milch
200 g weiche Butter
4 EL Johannisbeerlikör

Vorbereitungszeit: ca. 55 Min.
Backzeit: ca. 45 Min.
Ruhezeit: ca. 4 Std.
Für 12 Stücke

Zubereitung

1. Backofen auf 200 °C (Umluft: 180 °C) vorheizen. Johannisbeeren waschen, verlesen und trocken tupfen. Einige Johannisbeeren für die Dekoration beiseitestellen. Restliche Beeren mit 3 Esslöffeln Zucker vermischen.

2. Eier trennen. Eigelbe mit 200 Gramm Zucker und 2 Esslöffeln Wasser schaumig aufschlagen. Mehl mit Stärke und Backpulver mischen, darübersieben und unterrühren. Eiweiße steif schlagen und unter den Teig heben. Eine Springform (26 Zentimeter Durchmesser) mit Backpapier auslegen, Teig hineinfüllen und im vorgeheizten Backofen ca. 40–45 Minuten backen. Auskühlen lassen.

3. Cremetortenhilfe mit Milch ca. 2 Minuten gut aufschlagen. Butter und Johannisbeerlikör unterrühren. Ausgekühlten Boden zweimal waagerecht durchschneiden, sodass sich insgesamt drei Böden ergeben.

4. Ersten Boden mit einem Viertel der Creme bestreichen und mit der Hälfte der Johannisbeeren belegen. Zweiten Boden aufsetzen, mit einem Viertel der Creme bestreichen und mit restlichen Beeren belegen. Dritten Boden aufsetzen. Torte mit restlicher Creme rundum bestreichen und mindestens 4 Stunden kühl stellen. Mit Johannisbeeren dekoriert servieren.

Zutatenliste

Raffinierte Bananentorte

„Stracciatella“

Zutaten

200 g Mehl
1/2 Päckchen Backpulver
3 Eier
150 g Margarine
(z. B. von Rama)
125 g Zucker
100 ml Milch
500 g Cremefine (von Rama)
1 Päckchen Vanillepudding
500 ml Bananensaft
150 g Schokoladenblättchen
1 kg Bananen
2 EL Zitronensaft
Bananenchips zum Verzieren

Vorbereitungszeit:
ca. 45 Min.
Backzeit: ca. 30 Min.
Ruhezeit: ca. 3 Std.
Für 12 Stücke

Zubereitung

1. Backofen auf 180 °C (Umluft: 160 °C) vorheizen. Mehl und Backpulver mischen und sieben. Eier trennen, Eiweiße steif schlagen. Margarine und Zucker mit den Quirlen des Handrührgeräts schaumig rühren, Eigelbe zugeben und unterrühren. Milch und Mehl-Backpulver-Mischung abwechselnd unter die Creme rühren, Eischnee unterheben.

2. Teig in eine mit Backpapier ausgelegte Springform geben, glatt streichen und im vorgeheizten Backofen ca. 30 Minuten backen. Auskühlen lassen. Boden in der Mitte teilen.

3. Cremefine steif schlagen und kalt stellen. Vanillepudding anstatt mit Milch mit Bananensaft nach Packungsanweisung zubereiten und auskühlen lassen. Cremefine und Schokoladenblättchen unterheben. Bananen schälen, in ca. 3 Zentimeter breite Stücke schneiden, mit Zitronensaft beträufeln und aufrecht auf den Boden setzen.

4. Etwa drei Viertel der Creme zwischen den Bananen und auf den Bananen verteilen und den zweiten Boden obenauf setzen. Torte mit restlicher Creme bestreichen und ca. 3 Stunden kalt stellen. Mit Bananenchips verziert servieren.

Zutatenliste

Erdbeertorte
mit Vanillepuddingcreme

Zutaten

400 ml Milch
1 Päckchen Puddingpulver mit Vanillegeschmack
170 g Zucker, 3 Eier
1 Päckchen Vanillezucker
1 Prise Salz, 75 g Mehl
25 g Speisestärke
1 TL Backpulver
Fett für die Form
Paniermehl
800 g Erdbeeren
2 Blätter Gelatine
250 g Cremefine zum Schlagen (von Rama)
1 Päckchen ungezuckerter roter Tortenguss

Vorbereitungszeit: ca. 50 Min.
Backzeit: ca. 20 Min.
Ruhezeit: ca. 2 Std. und 40 Min.
Für 12 Stücke

Zutatenliste

Zubereitung

1. Ofen auf 175 °C (Umluft: 155 °C) vorheizen. Von der Milch 6–7 Esslöffel abnehmen, mit Puddingpulver und 25 Gramm Zucker glatt rühren. Übrige Milch aufkochen. Angerührtes Puddingpulver einrühren und unter Rühren ca. 1 Minute köcheln lassen und kalt stellen.

2. Eier trennen. Eiweiße und 2 Esslöffel Wasser steif schlagen. Vanillezucker, Salz und 100 Gramm Zucker einrieseln lassen. Eigelbe nacheinander unterrühren. Mehl, Stärke und Backpulver mischen, portionsweise zusieben und unterheben. Obstbodenform (ca. 27 Zentimeter Durchmesser) einfetten und mit Paniermehl ausstreuen. Teig hineingeben und glatt streichen. Im vorgeheizten Ofen ca. 20 Minuten backen. Auf einem Gitter ca. 5 Minuten abkühlen lassen. Aus der Form stürzen und auskühlen lassen. Erdbeeren waschen, trocken tupfen und halbieren.

3. Gelatine einweichen. 100 Gramm Cremefine steif schlagen. Pudding glatt rühren. Gelatine ausdrücken und auflösen. 2 Esslöffel Pudding einrühren und in den übrigen Pudding rühren. Cremefine unterheben. Creme auf dem Boden verstreichen. Erdbeeren darauf verteilen und ca. 2 Stunden kalt stellen. Tortengusspulver und 3 Esslöffel Zucker mischen. 250 Milliliter Wasser unter Rühren zugießen. Tortenguss unter Rühren aufkochen, über den Erdbeeren verteilen. Kuchen ca. 30 Minuten kalt stellen. Restliche Cremefine steif schlagen, in einen Spritzbeutel mit Sterntülle füllen und in kleinen Tuffs auf die Erdbeertorte spritzen.

Mandarinen-Biskuitrolle, fluffig-leicht

Zutaten

4 Eier
1 Prise Salz
170 g Zucker
75 g Mehl
50 g Speisestärke (z. B. von Mondamin)
250 g Cremefine zum Schlagen (von Rama)
500 g Magerquark
1 Päckchen Vanillezucker
5 EL Puderzucker
2 Dosen Mandarinen (à ca. 310 g, abgetropft ca. 175 g)
4 Blätter Gelatine (oder 2 Beutel Gelatine Fix)

Vorbereitungszeit: ca. 35 Min.
Backzeit: ca. 8 Min.
Ruhezeit: ca. 2 Std.
Für 12 Stücke

Zutatenliste

Zubereitung

1. Ofen auf 200 °C (Umluft: 180 °C) vorheizen. Blech mit Backpapier auslegen. Eier trennen, Eiweiße mit Salz mit dem Handrührgerät steif schlagen, 125 Gramm Zucker unter Rühren einrieseln lassen. Unter den Eischnee Eigelbe kurz unterschlagen. Mehl und Stärke mischen, darübersieben und mit dem Schneebesen unterheben. Teig auf das Backblech streichen und im vorgeheizten Ofen ca. 6–8 Minuten hellgelb backen. Ein sauberes Küchentuch mit 3 Esslöffeln Zucker bestreuen. Biskuitplatte vom Blechrand lösen und mit Backpapier aufs Küchentuch stürzen.

2. Backpapier abziehen. Teigränder abschneiden. Biskuit noch warm mit dem Küchentuch zu einer lockeren Rolle vorformen und auskühlen lassen. Cremefine mit dem Handrührgerät steif schlagen. Quark mit Vanillezucker und 4 Esslöffeln Puderzucker glatt rühren. Mandarinen abtropfen lassen. Gelatineblätter nacheinander in kaltes Wasser legen und ca. 10 Minuten einweichen. Herausnehmen und tropfnass bei geringer Hitze unter Rühren erwärmen und auflösen. 3 gehäufte Esslöffel Quarkmasse unterrühren, vermischte Gelatine unter die restliche Quarkmasse rühren. Cremefine portionsweise unterheben.

3. Cremefine-Quark-Masse auf den auseinandergerollten Biskuit streichen, Rand frei lassen. Mandarinen darauf verteilen und Biskuit aufrollen. Biskuitrolle mindestens 2 Stunden kühlen. Vor dem Servieren mit 1 Esslöffel Puderzucker bestreuen.

Beeren-Schokotorte
für Schlemmer und Genießer

Zutaten

600 g Zartbitterkuvertüre
300 g Sahne
etwas Butter für die Form
6 Eier
240 g Zucker
180 g Mehl
3 EL Kakaopulver
2 gestrichene TL Backpulver
2 Blätter Gelatine
400 g gemischte Beeren (z. B. Heidelbeeren, Brombeeren, Johannisbeeren, Himbeeren)
1 Päckchen Vanillezucker
50 ml Orangensirup
einige Minzeblättchen für die Garnitur

Vorbereitungszeit: ca. 1 Std. und 20 Min.
Backzeit: ca. 30 Min.
Ruhezeit: ca. 8 Std.
Für 12 Stücke

Zutatenliste

Zubereitung

1. Ofen auf 180 °C (Umluft: 160 °C) vorheizen. Kuvertüre hacken. Sahne erhitzen. Kuvertüre in heißer Sahne ca. 2–3 Minuten schmelzen lassen. Mit dem Schneebesen cremig rühren und ca. 5 Stunden kühl stellen. Springform (Durchmesser 26 Zentimeter) einfetten. Eier mit 3 Esslöffeln heißem Wasser und 150 Gramm Zucker mit dem Handrührgerät ca. 3 Minuten schaumig schlagen. Mehl, Kakao und Backpulver gesiebt beimengen. Teig in die Form füllen und im vorgeheizten Ofen ca. 30 Minuten backen. Auskühlen lassen.

2. Gelatineblätter einzeln ca. 5–10 Minuten in kaltem Wasser einweichen. Beeren waschen, verlesen und trocken tupfen. 100 Gramm für die Garnitur beiseitestellen. Restliche Beeren mit übrigem Zucker und Vanillezucker aufkochen. Gelatine ausdrücken und unter ständigem Rühren in der Beerenmischung auflösen. Abkühlen lassen. Boden aus der Form lösen und waagerecht durchschneiden. Auf eine Tortenplatte setzen und mit einem Tortenring umschließen. Unteren Boden mit Orangensirup beträufeln. Beeren darauf verteilen. Oberen Boden aufsetzen und leicht andrücken.

3. Kuvertüre-Sahne-Mischung mit dem Handrührgerät ca. 4 Minuten steif schlagen. 5 Esslöffel beiseitestellen. Restliche Mischung auf dem oberen Boden verteilen. Torte ca. 3 Stunden abgedeckt im Kühlschrank kalt stellen. Tortenring abnehmen und Rand mit restlicher Mischung bestreichen. Torte mit übrigen Beeren und gewaschenen Minzeblättchen dekorieren.

Früchte-Pavlova,
gefüllte Baisertorte

Zutaten

4 Eiweiß
200 g Puderzucker
1 Päckchen Vanillezucker
1 EL Maisstärke
1 TL heller Essig
750 g Früchte nach Belieben (z. B. Brombeeren, Himbeeren, Heidelbeeren, Feigen)
200 g Sahne
einige Minzeblättchen für die Garnitur

Vorbereitungszeit: ca. 40 Min.
Backzeit: ca. 1 Std.
Für 4–6 Portionen

Zubereitung

1. Backofen auf 130 °C (Umluft: 110 °C) vorheizen. Eiweiße so lange schlagen, bis etwas Volumen entsteht. Puderzucker und Vanillezucker langsam einrieseln lassen. Masse weiter schlagen, bis sie Spitzen zieht und glänzt. Stärke darübersieben, Essig zufügen und alles gut verrühren.

2. Backblech mit Backpapier auslegen und mit dem Eischnee zwei gleich große Kreise aufstreichen. In der Mitte eine kleine Mulde formen. Im vorgeheizten Backofen ca. 1 Stunde backen und im Ofen auskühlen lassen.

3. Früchte waschen und gegebenenfalls in Viertel oder Scheiben schneiden. Sahne steif schlagen. Einen Tortenboden auf eine Tortenplatte setzen und Hälfte der Sahne in die Mulde geben. Zweiten Boden aufsetzen, restliche Sahne auftragen und mit Früchten belegen. Mit gewaschenen Minzeblättchen dekoriert servieren.

Zutatenliste

Figurbewusst backen – kalorienarm und Low Carb

Saftige Muffins
„Heidelbeer-Vanille“

Zutaten

125 g Heidelbeeren (frisch oder TK-Produkt)
4 Eier
2 Prisen Salz
75 g weiche Butter
200 g Mandelmehl
1 1/2 TL Backpulver
Süßstoff nach Geschmack
1/2 Fläschchen Vanillearoma

Vorbereitungszeit: ca. 30 Min.
Backzeit: ca. 20 Min.
Für 12 Stück

Zubereitung

1. Backofen auf 160 °C (Umluft: 140 °C) vorheizen. Mulden der Muffinbleche mit Papierförmchen auslegen. Heidelbeeren waschen, verlesen und trocken tupfen, tiefgekühlte Heidelbeeren in einem Sieb gut abtropfen lassen. Einige Beeren für die Dekoration beiseitestellen.

2. Eier trennen. Eiweiße mit Salz steif schlagen. Butter mit Eigelben gut verrühren. Mandelmehl, Backpulver, Süßstoff und Vanillearoma zugeben und verrühren. Heidelbeeren zugeben. Eischnee vorsichtig unterheben und Teig in die Muffinförmchen füllen. Im vorgeheizten Backofen ca. 20 Minuten backen. Herausnehmen und abkühlen lassen. Muffins mit beiseitegestellten Heidelbeeren dekoriert servieren.

Tipp

Verwenden Sie für die Muffins am besten weißes entöltes Mandelmehl. Den Süßstoff können Sie je nach Geschmack variieren. Eine gute Süßkraft ergeben z. B. 12,5 Milliliter Flüssigsüßstoff. Aber auch Stevia lässt sich hierfür verwenden. Am besten geben Sie das Süßungsmittel nach und nach zu und tasten sich so langsam an die richtige Menge heran.

Zutatenliste

Leckere Cupcakes
mit Brombeer-Topping

Zutaten

150 g Butter
1 Prise Salz
60 g Xylit
2 Eier
100 g Mandelmehl
1/2 TL Backpulver
150 g Brombeeren
100 g Sahne
ausgekratztes Mark von 1 Vanilleschote

Vorbereitungszeit: ca. 50 Min.
Backzeit: ca. 15 Min.
Ruhezeit: ca. 1 Std.
Für 12 Stück

Zubereitung

1. Backofen auf 190 °C (Umluft: 170 °C) vorheizen. 100 Gramm Butter mit Salz und 50 Gramm Xylit gut vermischen. Eier einzeln unterrühren. Mandelmehl und Backpulver über die Masse sieben und verrühren.

2. Mulden der Muffinbleche mit Papierförmchen auslegen und zu zwei Dritteln mit dem Teig füllen. Im vorgeheizten Backofen ca. 13–15 Minuten backen und abkühlen lassen.

3. Brombeeren waschen, verlesen, trocken tupfen und 12 Beeren für die Dekoration beiseitelegen. Restliche Brombeeren mit dem Stabmixer pürieren und durch ein feines Sieb passieren. Sahne mit restlichem Xylit und Vanillemark kurz aufkochen. Brombeerpüree zugeben und alles gut vermischen. Restliche Butter zufügen und mit dem Stabmixer sorgfältig verrühren. Brombeercreme ca. 1 Stunde im Kühlschrank kalt stellen.

4. Brombeercreme kurz umrühren, in einen Spritzbeutel mit Sterntülle füllen und auf die Muffins auftragen. Je eine Brombeere daraufsetzen und servieren.

Zutatenliste

Kleine Mango-Tartes,
dekoriert mit Minze

Zutaten

70 g Mandeln (gemahlen)
30 g Kokosmehl und etwas Kokosmehl für den Teig
1/2 TL Backpulver
2–5 Msp. Steviapulver (90 %)
30 g Kokosöl und etwas Fett für den Teig
50 g Quark oder Joghurt
einige Tropfen Vanilleextrakt
2 Mangos
400 ml Kokosmilch
8 Blätter Gelatine
2 EL Zitronensaft
Minzeblättchen für die Garnitur

Vorbereitungszeit: ca. 1 Std.
Backzeit: ca. 25 Min.
Ruhezeit: ca. 3 Std.
Für 4 Stück

Zutatenliste

Zubereitung

1. Ofen auf 180 °C (Umluft: 160 °C) vorheizen. Mandeln, Kokosmehl und Backpulver mischen. 1–3 Messerspitzen Stevia in 1 Teelöffel heißem Wasser auflösen und unterrühren. Kokosöl schmelzen lassen, mit Stevialösung, Quark oder Joghurt und Vanilleextrakt verrühren und mit Mandel-Kokosmehl-Mischung vermengen. Mit den Händen zu einer Kugel verkneten. In vier gleich große Stücke teilen. Mit Fett einpinseln und mit Kokosmehl bestäuben. In Tarteletteförmchen geben und an Rand und Boden andrücken. Mit einem passend ausgeschnittenen Stück Backpapier und mit getrockneten Erbsen zum Blindbacken bedecken. Im vorgeheizten Ofen ca. 25 Minuten leicht goldbraun backen. Auf einem Gitter ca. 1 Stunde abkühlen lassen.

2. 1–2 Messerspitzen Stevia in 1 Esslöffel heißem Wasser auflösen. Mangos schälen, halbieren und entkernen. Eine Hälfte in Stücke schneiden und beiseitestellen. Restliche Mangos klein schneiden und im Mixer mit Kokosmilch und der Stevialösung pürieren. Gelatine in kaltem Wasser einweichen. Zitronensaft zur Mango-Kokosmilch-Mischung geben und bei milder Hitze unter Rühren erwärmen. Ausgedrückte Gelatine einrühren, darin auflösen und abkühlen lassen.

3. Tarteletteböden in kleine Tortenringe geben und Mango-Kokos-Creme darauf verteilen. Ist die Creme ausreichend fest, mit Mangostücken belegen. Im Kühlschrank vollständig fest werden lassen. Mit gewaschenen Minzeblättchen dekoriert servieren.

Pflaumen-Streusel,

Klassiker mal anders

Zutaten

200 g Sahne
7 g Trockenhefe
1 Prise Zucker
450 g weißes Mandelmehl und etwas Mandelmehl zum Bestreuen
310 g Xylit und etwas Xylit zum Bestreuen
260 g Butter
1 Ei
1/2 Fläschchen Rumaroma
1/2 Fläschchen Butter-Vanille-Aroma
1 kg Pflaumen
200 g saure Sahne
1 TL Zimt

Vorbereitungszeit: ca. 40 Min.
Backzeit: ca. 1 Std. und 30 Min.
Für 1 Backblech

Zubereitung

1. 200 Gramm Sahne auf dem Herd oder in der Mikrowelle kurz erwärmen – nicht kochen! Mit Hefe und Zucker vermengen. 280 Gramm Mandelmehl, 60 Gramm Xylit, 60 Gramm Butter, Ei sowie Rum- und Butter-Vanille-Aroma zugeben und mit den Knethaken des Handrührgeräts gut miteinander vermengen. Teig in eine feuerfeste Form füllen, abdecken und ca. 1 Stunde bei 50 °C (Umluft: 30 °C) backen.

2. Pflaumen waschen, entkernen und vierteln. Backblech mit Backpapier auslegen, Teig mit etwas Mandelmehl bestreuen und ausrollen. Pflaumen darauf verteilen, mit etwas Xylit bestreuen und saure Sahne darauf verteilen. Backofen auf 150 °C (Umluft: 130 °C) vorheizen.

3. Für die Streusel restlichen Xylit, Zimt und restliches Mandelmehl gut miteinander vermischen, restliche Butter stückweise zugeben und zu Streuseln verarbeiten. Streusel auf dem Pflaumenkuchen verteilen und im vorgeheizten Backofen ca. 30 Minuten backen.

Zutatenliste

Zitroniger Käsekuchen, perfekt für heiße Tage

Zutaten

60 g Butter und etwas Butter für die Form
50 g Kokosöl, 5 Eier
130 g Erythrit, 370 g Sahne
1/2 TL Vanille (gemahlen)
100 g Mandelmehl und Mandelmehl für die Form
1 TL Johannisbrotkernmehl
1 TL Backpulver
1/2 TL Natron
400 g Quark (40 % i. Tr.)
10 g Vanille-Xylitpulver
etwas abgeriebene Schale und Saft von 1 unbehandelten Zitrone und einige unbehandelte Zitronenscheiben für die Garnitur
2 Päckchen Sahnesteif

Vorbereitungszeit: ca. 50 Min.
Backzeit: ca. 30 Min.
Für 12 Stücke

Zutatenliste

Zubereitung

1. Backofen auf 160 °C (Umluft: 140 °C) vorheizen. Butter und Kokosöl in einem Topf bei geringer Hitze schmelzen. Eier trennen, Eiweiße mit Salz steif schlagen.

2. Zur Butter-Kokosöl-Mischung 90 Gramm Erythrit und Eigelbe zufügen und schaumig schlagen. 120 Gramm Sahne und Vanille zugeben und mit den Quirlen des Handrührgeräts verschlagen. Mandelmehl, Johannisbrotkernmehl, Backpulver und Natron zugeben und alles sorgfältig vermischen.

3. Eischnee nach und nach vorsichtig unterheben. Springform mit Butter einfetten und mit Mandelmehl ausstreuen. Teig in die Form füllen und im vorgeheizten Backofen ca. 30 Minuten backen. Stäbchenprobe machen: Am Holzstäbchen darf kein flüssiger Teig haften. Abkühlen lassen.

4. Quark, restliches Erythrit, Vanille-Xylitpulver, Zitronenabrieb und -saft miteinander vermischen. Restliche Sahne steif schlagen, Sahnesteif einrühren und unter die Quarkmischung heben.

5. Zitronencreme auf dem Tortenboden verteilen und nach Belieben mit dünnen Zitronenscheiben dekorieren.

Stachelbeerkuchen
mit Baiserhaube

Zutaten

1 EL Kokosöl für die Form
40 g Kokosmehl und etwas Kokosmehl für die Form
250 g Stachelbeeren
4 Eier und 3 Eiweiß
3 EL Stärke (z. B. Kartoffelmehl, Pfeilwurzelmehl)
1/2 TL Backpulver
ausgekratztes Mark von 1 Vanilleschote
55 g Reissirup
1 Prise Salz
3 EL Kokosblütenzucker

Vorbereitungszeit: ca. 35 Min.
Backzeit: ca. 35 Min.
Für 12 Stücke

Zubereitung

1. Backofen auf 180 °C (Umluft: 160 °C) vorheizen. Springform mit Kokosöl ausstreichen und mit Kokosmehl ausstreuen. Stachelbeeren putzen, waschen, trocken tupfen und halbieren.

2. Eier trennen. Kokosmehl, Stärke und Backpulver miteinander vermischen. Vanillemark zufügen. 4 Eiweiße auf höchster Stufe mit dem Handrührgerät steif schlagen, Eigelbe zugeben und ca. 1 Minute weiterschlagen. Nach und nach Kokosmehl-Backpulver-Mischung sowie Reissirup zufügen und weiterrühren.

3. Teig in die Form füllen und Stachelbeeren darauf verteilen. Im vorgeheizten Backofen ca. 25 Minuten backen. Stäbchenprobe machen: Am Holzstäbchen darf kein Teig haften bleiben.

4. Restliche Eiweiße (Eigelbe anderweitig verwenden) mit Salz steif schlagen. Kokosblütenzucker langsam einrieseln lassen und so lange weiterschlagen, bis der Eischnee fest ist.

5. Eischnee mittig auf den Kuchen geben und locker verstreichen. Backofen auf Oberhitze einstellen und Kuchen weitere ca. 5–10 Minuten backen. Stachelbeerkuchen etwas abkühlen lassen und genießen.

Zutatenliste

Einfacher Kirschkuchen,
frisch vom Blech

Zutaten

350 g Kirschen aus dem Glas
100 g Margarine
250 g weißes Mandelmehl
1 Päckchen Backpulver
100 g Kokosblütenzucker
abgeriebene Schale von 1 unbehandelten Zitrone
2 Eier
1 Prise Salz
80 ml Milch
etwas Xylit- oder Erythrit-Puderzucker zum Bestäuben

Vorbereitungszeit: ca. 15 Min.
Backzeit: ca. 30 Min.
Für 1 Backblech

Zubereitung

1. Backofen auf 200 °C (Umluft: 180 °C) vorheizen. Kirschen abtropfen lassen. Backblech mit Backpapier belegen.

2. Margarine schaumig rühren. Nach und nach restliche Zutaten (bis auf Kirschen) einrühren. Mit dem Handrührgerät so lange weiterrühren, bis ein heller Teig entsteht. Teig fingerdick auf dem Backblech verstreichen. Mit abgetropften Kirschen belegen und im vorgeheizten Backofen ca. 30 Minuten backen. Abkühlen lassen und mit Xylit- oder Erythrit-Puderzucker bestäubt servieren.

Tipp

Wer möchte, vermischt 100 Gramm Kokosraspel und 1 Esslöffel Kokosblütenzucker und gibt die Mischung vor dem Backen über die Kirschen. Damit der Kuchen nicht zu dunkel wird, kann man ihn nach ca. 20 Minuten Backzeit mit einem Stück Alufolie abdecken.

Zutatenliste

Sahnige Torte
„Schwarzwälder Kirsch“

Zutaten

6 Eier
1 Prise Salz
3 EL Quark
6 TL Kakaopulver
3 Msp. Steviapulver
250 g Sauerkirschen (TK-Produkt, entsteint)
6 Blätter Gelatine
500 g Sahne
Zartbitterschokoraspel und grob gehackte Zartbitterschokolade zum Verzieren

Vorbereitungszeit: ca. 50 Min.
Backzeit: ca. 15 Min.
Für 12 Stücke

Zutatenliste

Zubereitung

1. Backofen auf 160 °C (Umluft: 140 °C) vorheizen. 3 Springformen (18 Zentimeter Durchmesser) mit Backpapier belegen. Eier trennen, Eiweiße mit Salz steif schlagen. Eigelbe, Quark, Kakao und Stevia mit den Quirlen des Handrührgeräts zu einer glatten Masse verrühren. Eischnee vorsichtig unterheben. Jeweils ein Drittel der Masse in jede der Springformen füllen und im vorgeheizten Backofen ca. 15 Minuten backen. Abkühlen lassen. Kirschen auftauen und 12 Stück für die Dekoration beiseitelegen.

2. Gelatineblätter einzeln nacheinander nach Packungsanweisung ca. 5–10 Minuten in kaltem Wasser einweichen. Herausnehmen und tropfnass in einem kleinen Topf bei geringer Hitze unter Rühren erwärmen, bis sich die Gelatine aufgelöst hat. Ca. 50 Gramm Sahne mit dem Schneebesen unterrühren, restliche Sahne steif schlagen und Gelatine-Sahne-Mischung unter Rühren zugeben.

3. Etwas Sahne in der Mitte und am Rand des ersten Bodens verstreichen. Zwischenraum mit Hälfte der Kirschen füllen. Zweiten Boden aufsetzen und leicht andrücken. Etwas Sahne mittig und am Rand verteilen und zweite Hälfte der Kirschen dazwischen verteilen. Mit dem dritten Boden abschließen und mit dem Rest der Sahne die gesamte Torte einstreichen. Tortenrand mit Schokoraspeln verzieren. Grob gehackte Schokolade in der Mitte der Torte verteilen und darum herum mit beiseitegestellten Kirschen verzieren.

Register

Impressum

www.otus.ch
ISBN 978-3-03793-614-6

Komplettproducing: twinbooks, München
Texte: Jana Lösch, Melanie Goldmann für twinbooks, München
Text- und Abbildungsverzeichnis: Du darfst: 20/21, 42/43; Mondamin: 30/31, 48/49; Rama: 32/33, 34/35, 38/39, 40/41, 52/53, 54/55, 56/57; Sanella: 16/17, 22/23; Shutterstock Images: 2 Anna Shepulova; 5 Annalisa Troian; 6 Christian Jung; 7 Olga Miltsova; 8 Shaiith; 9 Manuel Findeis; 10, 18 Inkru; 13 minadezhda; 14 Kachergina; 25 Ulyana Khorunzha; 28 marysckin; 36 Elena Elisseeva; 44, 61 4_mai; 46 Lesya Dolyuk; 50 Letterberry; 58 Alena Haurylik; 62, 76 Oksana Shufrych; 64 Kati Molin; 67 Adrian Banu; 68 jreika; 71 MShev; 72 zoryanchik; 75 MamaMiaPL; 79 Irina Meliukh; Schmuckabbildungen: Shutterstock Images/Ohmega1982; Anna Tyukhmeneva; Eivaisla; Cover: Shutterstock Images/Alena Haurylik